LE PROCÈS

DU

DUC DE MONTPENSIER

Prix : 1 franc

PARIS

TYPOGRAPHIE HENNUYER ET FILS

7, RUE DU BOULEVARD, 7

1869

LA VÉRITÉ

ET UN CONSEIL

A L'HONNÊTE PEUPLE ESPAGNOL

PAR

UN DE SES ENFANTS

PARIS

TYPOGRAPHIE HENNUYER ET FILS

7, RUE DU BOULEVARD, 7

1869

LA VÉRITÉ

ET UN CONSEIL

A L'HONNÊTE PEUPLE ESPAGNOL

Il y a dans tous les États, dans toutes les sociétés politiques des esprits agitateurs, des natures rebelles, des hommes passionnés pour lesquels il n'existe d'autre loi que celle de leur caprice, d'autre raison que celle de leur convenance, d'autre justice que celle de leurs intérêts, d'autre moyen de discussion que la force ; des hommes qui obéissent à l'instinct perturbateur qui les domine, et qui, pour atteindre le but de leurs folles aspirations, sont capables, non-seulement de s'écarter à chaque instant de leurs devoirs les plus sacrés, mais de sacrifier à leur égoïsme l'heureux avenir et même la vie de leurs semblables.

Ce sont eux qui provoquent les discordes civiles, qui exploitent la simplicité et la crédulité des gens confiants, qui forment et divisent les partis, qui fascinent et séduisent les populations et les entraînent enfin à leur perte, à leur ruine.

Généralement doués d'une certaine hypocrisie raffinée, d'une astuce diabolique et du courage brutal inspiré par leur manque de religion, ils sont assez habiles pour cacher leurs coupables intentions aux yeux des malheureux qui leur servent d'instrument.

Ils se déguisent comme il convient le mieux à la réalisation de leurs vues.

Ils prônent un jour l'idée même qu'ils combattent le lendemain.

Ennemis implacables de l'ordre et de la paix, parce que ce n'est pas sous leur protection qu'ils peuvent prospérer, ils poussent les masses aux débordements, à la licence.

Ils sont les bourreaux de l'humanité, puisque c'est à ses dépens qu'ils cherchent à grandir, et ils se présentent devant elle en victimes ayant à leur service des déclamations patriotiques, des coups à effet bien étudiés, au moyen desquels ils parviennent à soutenir le rôle qu'ils jouent.

Avant que leurs actes n'aient pas fait connaître ce qu'ils veulent réellement, ce qu'ils valent et ce qu'ils sont, il leur arrive parfois d'être applaudis et accueillis comme de bons acteurs; quelquefois ils acquièrent aussi du prestige parmi les classes humbles et de peu d'intelligence, parmi les travailleurs honnêtes, parmi les ouvriers sans malice qui croient volontiers tout ce qu'ils leur disent. Mais quand le témoignage irré-cusable des faits vient arracher leur masque en dé-voilant les monstrueuses horreurs que renferment leurs cœurs, ils tombent du piédestal sur lequel la fiction et la bonne foi les avaient placés, emportant avec eux la malédiction et le mépris de leurs parti-sans mêmes.

Cependant, les bouleversements qu'ils ont occa-sionnés, les ruines qu'ils ont amoncelées, la mésin-telligence et les conflits produits par leur fatale influence ont fait verser aux populations des larmes abondantes qu'il sera difficile de sécher.

En Espagne, où la plus grande partie des habitants vivent enveloppés du voile épais de l'ignorance, qui cache à l'humanité les vérités les plus utiles et les plus sublimes ; en Espagne, où les premiers rayons de la civilisation ont à peine brillé, il existe aussi quelques hommes de l'espèce que nous venons de dire et que le peuple connaît déjà, car ils figurent tristement dans quelques-unes des pages de son his-toire contemporaine. Il y en a pourtant d'autres qui se cachent dans l'ombre et qui lui sont inconnus ; en vrais Rodins, ils ont occasionné de terribles préjudices, des calamités désastreuses. Nous les montrerons au grand jour, dépouillés de tout oripeau, dans un récit succinct de leurs perfidies, de leurs iniques projets, de leur basse trahison, afin que le peuple les connaisse et se mette en garde contre leurs méchants artifices.

Nous nous bornerons, pour le moment, à nous entretenir du pire de tous, du principal auteur du *pronunciamiento* de septembre, d'Antoine Bourbon et Bourbon, duc de Montpensier, et à faire en même temps une revue très-rapide de la situation déplorable où il nous a réduits.

Cet homme funeste, marié à la sœur de notre Reine, Isabelle II, dont il n'a reçu que des services, des bontés et des bienfaits ; ce spéculateur hypocrite qui se traînait servilement aux pieds de sa généreuse belle-sœur, lorsqu'elle lui accordait un nouvel honneur, une nouvelle grâce, travaillait depuis plus de trois ans sans trêve ni repos, employant tous les moyens, même les moins avouables, que la perfidie suggère, pour usurper le trône de son auguste bienfaitrice.

Ni la gratitude, ni les liens de famille, ni le devoir n'ont pas pu l'arrêter dans sa criminelle entreprise. Croyant que l'Espagne était une nation d'imbéciles pygmées, que l'on pouvait facilement tromper et sé-

duire par de fausses apparences ; croyant que les fils
de Pélage étaient capables de se vendre à un étranger
et d'en faire leur roi, il est allé d'un parti à un
autre, frappant à toutes les portes, prodiguant son or
aux mécontents pour les pousser à la révolte, offrant
de dégaîner sa lame, qui n'est pas de Tolède, et de se
mettre à la tête de ceux qui voudraient embrasser sa
cause, pour combattre les fidèles serviteurs d'Isabelle
et couvrir de cadavres le sol de l'Espagne.

Il semble impossible que le noble cœur d'un homme
chrétien, n'ayant même reçu qu'une moyenne éduca-
tion, ayant une idée de l'avenir de l'humanité, et
qui sait combien est grande et sévère la puissance de
la justice divine, puisse renfermer tant de vilenie,
tant de bassesse !

Non, on ne conçoit pas qu'un prince étranger ex-
pulsé de sa patrie, auquel une Reine magnanime accorde une généreuse hospitalité dans ses États ; qui
est comblé d'honneurs et de richesses par cette même
Reine, et qu'un peuple noble et chevaleresque en-
toure de considération et reçoit en frère, soit capable
de se lever contre ces gages sacrés, qui devraient être
l'objet de son attachement et de sa vénération. Ce
n'est qu'en voyant les faits, en les touchant, que l'on
peut croire à l'existence d'un être aussi lâche que
félon.

Ce n'est qu'au bout de trois ans, et après avoir vu ses prétentions repoussées par les hommes loyaux de tous les partis, qu'il a pu enfin trouver un groupe de satellites voulant bien se prêter à les seconder, et ce qu'on appelle la *glorieuse révolution* eut lieu, exclusivement préparé par lui et par une puissance ennemie de la France, dans le but de s'emparer du sceptre de San Fernando. Quoi qu'on en ait dit et malgré les déclarations des documents publics, telle est notre croyance.

Oui, honnête peuple espagnol, tu croyais que l'on avait fait la révolution pour améliorer tes intérêts ; pour mettre en pratique toutes les réformes indispensables à ta félicité, à ta grandeur, et... malheureusement, tu t'es trompé !

En suivant le noble élan de tes sentiments élevés, tu t'es laissé entraîner par la voix flatteuse des sirènes, par l'écho magique du mot *liberté*, avec lequel tu as été si souvent leurré, et au lieu d'obtenir le triomphe de ta souveraineté, tu as prodigué ton sang au profit du traître qui essaye de t'arracher le pouvoir royal malgré toi ; tu as servi de marchepied pour élever un grand nombre de tes véritables ennemis, et tu t'es sacrifié pour qu'ils vivent à tes dépens, tandis que tu meurs de faim.

Si tu avais commencé la révolution spontanément

sans écouter d'autre voix que celle de ta conscience, tu aurais réalisé tes désirs libéraux sans amoindrir tes institutions séculières, en conciliant ton bien-être avec les droits de tous tes enfants, car tu ne peux pas leur souhaiter aucun mal. Oh ! alors le nombre des mères qui pleurent la perte du fruit de leurs entrailles ne serait pas si grand.

Les révolutionnaires eux-mêmes te le disent tous les jours : la nation a changé de forme, c'est-à-dire les hommes du gouvernement sont changés, mais ceux-ci sont venus justifier la situation passée.

Si tu veux connaître la différence qu'il y a entre ce que tu possédais naguère et ce que tu possèdes à présent, médite, pense et compare.

Hier, sous le gouvernement de notre Reine, le pays possédait la paix, l'ordre et la justice.

La religion catholique était honorée.

Le principe de l'autorité était respecté.

L'administration de la justice était parvenue à diminuer le nombre des coupables.

Ceux qui étaient chargés des finances faisaient tout doucement les économies possibles sans froisser les intérêts de personne.

La propriété et la sûreté individuelle étaient garanties.

Le domicile des honnêtes gens était inviolable.

On recevait dans les établissements de bienfaisance tous les malheureux qui pouvaient y rester.

Les créanciers de l'État recevaient religieusement leurs rentes.

La Caisse de dépôts remplissait également ses engagements ; toutes les classes étaient payées.

Les pauvres étaient secourus avec prodigalité par notre Reine, leur ange tutélaire, et par une respectable société de bienfaisance créée à cet effet seulement.

Le commerce, l'industrie, les arts et tous les éléments actifs qui constituent la richesse du pays travaillaient et vivaient.

Aujourd'hui, sous le gouvernement que Montpensier nous a apporté, le désordre et l'anarchie règnent dans la plupart des villes.

Il n'y a de droits que pour ceux qui commandent.

On publie la liberté des cultes, et l'on protége les protestants, tandis qu'on attaque la religion catholique et que les prêtres sont poursuivis et assassinés.

On proclame la liberté d'association, et l'on exile les malheureux jésuites, et les nonnes sont obligées de quitter leurs couvents.

On établit le suffrage universel, et, le fusil à la main, on empêche les hommes d'ordre de voter.

On dit qu'il y a le droit de réunion et on fait un procès à ceux qui font usage de ce droit pour leurs travaux électoraux, et on les met en prison.

On déclare la liberté de la presse, et l'on arrête ceux qui écrivent dans le sens de l'opposition.

On crie par-dessus les toits l'obéissance aux lois, et des innocents sans nombre sont exilés sans procès, par la seule raison qu'ils ne pensent pas comme le gouvernement.

Les députations provinciales et les municipalités se sont arrogé le droit des Cortès, en supprimant et en établissant des contributions suivant leur caprice, en autorisant le mariage civil, la liberté des cultes et tout ce qui leur fait plaisir.

De plus, les impôts ne peuvent être perçus dans quelques localités, et, lorsque les percepteurs se présentent pour les réclamer, ils sont bâtonnés et mis dans un puits jusqu'à ce qu'ils aient promis de renoncer à leur mandat.

La majorité des représentants de la nation manque de cette unité si nécessaire pour donner de la force au gouvernement, lequel s'affaiblit à vue d'œil ; il s'éteint comme la lumière d'une lampe qui brûle sa dernière goutte d'huile.

D'ailleurs, il a perdu la force morale, et les populations n'obéissent plus à ses décrets.

L'administration tout entière marche avec une sensible lenteur, malgré la bonne volonté des nouveaux employés, attendu qu'ils sont sans expérience. Les juges sont insuffisants pour instruire toutes les causes criminelles.

Rien qu'à Madrid, on a commis vingt-huit assassinats, et l'on a instruit soixante causes pour d'autres délits, pendant le mois de février.

Il n'y a pas de sûreté individuelle. Les plus importantes familles quittent le pays et vont chercher un abri à l'étranger, de peur d'être malmenées. Le domicile a été violé.

.Les populations se partagent la propriété particulière, comme si c'était du pain bénit, et cela sous les yeux des autorités.

Au lieu de faire des économies, les dépenses ont été considérablement augmentées.

Les établissements de bienfaisance, faute de ressources, se voient, hélas ! forcés de mettre sur le pavé, où ils périront peut-être, un nombre infini d'orphelins sans appui.

On ne paye pas les créanciers de l'Etat. Les malheureux qui avaient leur petite fortune à la Caisse des dépôts meurent dans la misère. On paye les militaires en activité et les employés civils de Madrid ; mais on ne donne pas un sou au clergé, c'est que sans doute le gouvernement l'exclut de la famille espagnole.

De tous côtés, les pauvres pullulent, et on n'en a jamais vu à Madrid une quantité si élevée et d'un aspect aussi lamentable.

Le commerce et l'industrie sont paralysés. Les artistes sont dans la plus complète inaction. Des bandes d'ouvriers parcourent les rues en faisant appel à la charité publique.

La misère, la faim, la confusion, le chaos règnent partout.

L'île de Cuba, source inépuisable de richesses, le plus beau fleuron de la couronne d'Espagne, court le risque d'être perdue, si le Tout-Puissant ne nous accorde pas sa sainte protection. On y verse à torrents le sang précieux de tes vaillants soldats, et les incendies, la guerre, les asassinats, les désastres, conséquences immédiates de la liberté octroyée à une horde de sauvages, déciment tes héroïques défenseurs et réduisent à néant leurs fortunes.

Enfin, tous souffrent, se plaignent et regrettent l'air bienfaisant qui leur donnait la vie, le soleil brillant qui les réchauffait, la main bénigne de la mère aimante et tendre qui répandait le bien et la consolation sur ses enfants.

Peuple, réfléchis et considère la différence qu'il y

a d'hier à aujourd'hui, et en voyant la transition violente par laquelle tu as passé ; en contemplant le déchirant tableau de tes malheurs, tu te convaincras que la révolution n'a été faite ni par toi ni pour toi, mais bien par le duc de Montpensier, pour se proclamer roi d'Espagne.

C'est en vain que ses partisans et ses défenseurs, dans la presse, cherchent à le présenter à tes yeux comme étant doué des vertus civiques et animé d'un amour enthousiaste pour tes droits et ta liberté :

Tu sais bien à quoi t'en tenir ; et tu sais aussi que l'ingrat et le traître envers sa famille ne peut pas être un bon monarque, et ne peut ni ne doit s'asseoir sur le trône de l'éminente Isabelle.

SOUVIENS-TOI, PEUPLE HONNÊTE, DE LA DIFFÉRENCE QU'IL Y A D'HIER A AUJOURD'HUI. Rappelle-toi la lutte fratricide que cet étranger, aspirant à la grande couronne de Castille, a provoquée au sein de la mère patrie. Rappelle-toi les victimes immolées à son ambition ; tes frères de Santander, de Béjor, de Cadix, de Malaga et bien d'autres, qui dépassent six mille. Rappelle-toi que c'est un fils dégénéré de la France, ton ennemi autant qu'il est l'ennemi de son propre pays, qui est responsable de tous les maux qui t'affligent ; et si ta conscience droite est touchée de cet ardent amour de la justice, que tu n'as jamais méconnu, appelle la noble dame qui gémit dans l'exil; la meilleure des Reines, celle qui a été pour toi une mère indulgente et empressée, celle qui est trois fois ta souveraine : par ses droits légitimes, par la piété de son cœur et par sa munificence.

Si quelquefois tu as eu à te plaindre des gouvernements qui la conseillaient, ce n'est pas elle qui doit payer les fautes qu'ils ont commises. La Constitution la rend irresponsable.

N'oublie pas que c'est Isabelle II qui t'a donné la liberté ; que c'est elle qui t'a conservé ton unité religieuse, l'envie des nations civilisées et la source de tes brillantes conquêtes et de tes gloires qu'on ne peut flétrir, de ton héroïsme et de ta grandeur ; que dans tes pénuries et dans tes afflictions, c'est elle qui a répandu sur toi les bienfaits à pleines mains, qui a mis en vente son patrimoine pour soulager tes peines et qui a toujours secouru les malheureux. Enfin elle est la seule qui puisse t'empêcher de tomber dans l'abîme sans fond où veut te précipiter l'homme le plus odieux, l'unique *auteur responsable* des maux que tu endures : LE DUC DE MONTPENSIER.

Appelle, appelle vite ta Reine, et pour que cet acte soit plus digne de toi, pardonne à ton bourreau et à ceux qui ont mené à bout son œuvre détestable.

Un libéral catholique, humble, insignifiant, qui n'a

jamais menti ni transigé avec le parjure ; un de tes loyaux amis qui désire te voir aussi prospère et respecté que tu le mérites, te donne ce conseil, parce qu'il comprend que, dans une société où tout le monde gouverne, et c'est ce qui a lieu aujourd'hui dans la tienne, tout le monde est esclave et que ce n'est qu'à l'ombre protectrice d'une monarchie constitutionnelle et légitime, qui puisse consolider l'ordre et conserver intacte la religion et l'État, qui est la sauvegarde de la moralité et des lois, que l'on peut jouir de la liberté et qu'un peuple peut s'élever.

FIN.

Paris. — Typographie Hennuyer et fils, rue du Boulevard, 7.